BEI GRIN MACHT SICH IHR WISSEN BEZAHLT

- Wir veröffentlichen Ihre Hausarbeit,
  Bachelor- und Masterarbeit

- Ihr eigenes eBook und Buch -
  weltweit in allen wichtigen Shops

- Verdienen Sie an jedem Verkauf

Jetzt bei www.GRIN.com hochladen und kostenlos publizieren

Bibliografische Information der Deutschen Nationalbibliothek:

Die Deutsche Bibliothek verzeichnet diese Publikation in der Deutschen National-
bibliografie; detaillierte bibliografische Daten sind im Internet über http://dnb.d-
nb.de/ abrufbar.

Impressum:

Copyright © 2019 GRIN Verlag
Druck und Bindung: Books on Demand GmbH, Norderstedt Germany
ISBN: 9783346184603

Stefan Gruber

Emotionale vs. klassische Intelligenz. Die 16 Persönlichkeitseigenschaften von Raymond Catell und das Konzept der Kreativität

GRIN Verlag

GRIN - Your knowledge has value

Der GRIN Verlag publiziert seit 1998 wissenschaftliche Arbeiten von Studenten, Hochschullehrern und anderen Akademikern als eBook und gedrucktes Buch. Die Verlagswebsite www.grin.com ist die ideale Plattform zur Veröffentlichung von Hausarbeiten, Abschlussarbeiten, wissenschaftlichen Aufsätzen, Dissertationen und Fachbüchern.

Besuchen Sie uns im Internet:

http://www.grin.com/

http://www.facebook.com/grincom

http://www.twitter.com/grin_com

Einsendeaufgabe

Online abgegeben
SRH Fernhochschule

Modul: Persönlichkeitspsychologie
Studiengang: Psychologie

Inhaltsverzeichnis

Abkürzungsverzeichnis

AOK – Allgemeine Ortskrankenkasse

EYG – Ernst & Young Global Limited

IQ - Intelligenzquotient

PF-R – Persönlichkeits-Faktoren-Test

US – United States

Abbildungsverzeichnis

Alternative C

C1: Was wird unter dem Begriff emotionale Intelligenz verstanden? Grenzen Sie den klassischen Intelligenzbegriff vom Begriff der „emotionalen Intelligenz" ab. Stellen Sie ein Modell der emotionalen Intelligenz ausführlicher dar. Diskutieren Sie, inwiefern emotionale Intelligenz ein gesundheitsrelevanter Faktor sein könnte.

Der klassische Begriff der Intelligenz leitet sich vom lateinischen „intellectus" ab und ist zu übersetzen mit Erkenntnis, Einsicht oder auch Sinn. Im Vordergrund steht hier der Verstand mit seinem Denkvermögen.[1] In westlichen Kulturkreisen wird der Begriff Intelligenz mit der kognitiven Leistungsfähigkeit des Menschen gleichgesetzt.[2]

In der Forschung variieren die Festlegung der Grenzen und der Fokus von Intelligenz. Dies spiegelt sich in der fortwährenden Aktualisierung der seit dem 20. Jahrhundert eingesetzten IQ Tests wider.[3] IQ Tests sind Prüfungen, mit denen die kognitive Intelligenz eines Menschen gemessen werden kann. Der deutsche Psychologe William Stern stellte den Intelligenzquotienten bereits 1912 in Zusammenhang mit dem Lebensalter.[4] Nach dem von Stern entwickelten Binet-Stern-Ansatzes, nimmt der Leistungszuwachs der Intelligenz mit dem Lebensalter zu. Derzeitige Ansätze gehen im Gegensatz dazu davon aus, dass dieser Leistungszuwachs nach dem 17ten Lebensjahr mit weiter steigendem Alter abnimmt.[5]

Binet-Stern-Ansatz: $\dfrac{(\underline{\text{Intelligenzalter}})* 100}{\text{Lebensalter}}$

In der US-Armee wurde das Verfahren des IQ Tests nochmals weiterentwickelt. Unter anderem wurden kulturspezifische Aspekte inkludiert, sowie eine zeitliche Grenze für die Bearbeitung des Tests eingeführt.[6]

---

[1] Vgl. José 2016, S. 38–39.
[2] Vgl. Becker 2014, S. 89.
[3] Vgl. José 2016, S. 38–39.
[4] Vgl. José 2016, S. 40.
[5] Vgl. Becker 2014, S. 90.
[6] Vgl. Maltby et al. 2011, S. 507.

Für die Lösungen einzelner IQ Testabschnitte werden Punkte vergeben, welche man zu einem Rohwert addiert. Dieser wird anschließend mit der Verteilung des Rohwerts in der entsprechenden Altersgruppe verglichen. [7]

Berechnung des IQs: [11]

$$IQ = 100 + 15 \times \frac{(x-\mu)}{\alpha}$$

Dieser Vergleich erfolgt mittels einer mathematisch-wahrscheinlichkeitstheoretischen Häufigkeitsverteilung, welche die Form einer sogenannten Glockenkurve annimmt und die Normalverteilung der Ergebnisse darstellt.[8]

Der überwiegende Teil der Messwerte liegt hier in der Mitte und nimmt tendenziell in beiden Richtungen ab.

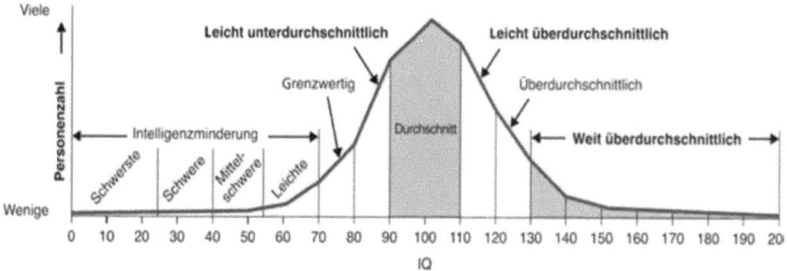

Abbildung 1: Normalverteilte IQ-Werte
(Quelle: Reichel, W. (20.07.0216) http://www.dr.reichel.de)

Ein durchschnittlicher IQ nimmt einen Wert zwischen 90 und 110 an. Menschen mit IQ Ergebnissen über 110 werden damit als überdurchschnittlich intelligent gewertet. Ergebnisse die geringer als 90 werden mit unterdurchschnittlicher Intelligenz interpretiert.

---

[7] Vgl. Becker 2014, S. 91.
[8] Vgl. Becker 2014, S. 91.

Die Messungen der IQ-Test fokussieren sich auf die kognitive Intelligenz und die damit verbundenen Leistungsfähigkeit des Menschen. Bei der emotionalen Intelligenz handelt es sich im Gegensatz dazu um die Fähigkeit Emotionen bewusst wahrnehmen zu können, sie zu verstehen und reflektiert mit ihnen umzugehen.

Der US-amerikanische Psychologe Daniel Goleman beschränkte sich auf die wichtigsten Punkte der emotionalen Intelligenz. Essentiell ist laut Goleman, dass man sich über seine eigenen Emotionen im Klaren ist. [9]

Goleman definiert fünf Faktoren, welche einen emotional intelligenten Menschen auszeichnen. Der erste Faktor umfasst die Kenntnis seiner eigenen Bedürfnisse und Gefühle. Der zweite Faktor umfasst das Talent seine eigenen Emotionen unter Kontrolle zu haben. Ein gutes Gefühls- „Management" ist hier vorteilhaft, um eine hohe Lebensqualität zu gewinnen und negative Gefühle zu relativieren. Als dritten Faktor legt Goleman das Erleben emotionaler Zustände fest, welche leistungsorientierte Bedürfnisse beinhalten. Der vierte Faktor umfasst Empathie. Durch diese erlangt der Mensch die Fähigkeit sich emotional in andere Personen hineinzuversetzen und deren Emotionen beeinflussen zu können. Zuletzt sind der Umgang und Aufbau von zwischenmenschlichen Beziehungen für Goleman mit emotionaler Intelligenz verknüpft. Ein ausreichendes Maß an Empathie bildet die Basis zur Führung stabiler Beziehungen. Zusammengefasst, setzt sich emotionale Intelligenz aus der Selbstwahrnehmung, dem Selbstmanagement, dem Erleben emotionaler Zustände, dem Sozialen Bewusstsein und dem Beziehungsmanagement zusammen. [10]

Für Goleman spielt die Amygdala, ein Gehirnabschnitt, eine wichtige Rolle. Dieser ist an der Verarbeitung von Gefühlen wie Aggression und Furcht beteiligt. Ein Indikator für eine hohe beziehungsweise niedrige emotionale Intelligenz zeigt sich durch die „Kampf-oder-Flucht-Reaktion" eines Menschen. Unterschiede emotionaler Intelligenz, stellen sich im Wesentlichen bei der Entwicklung, Verwendung und Kontrolle emotionaler Reaktionen dar. [11]

---

[9] Maltby et al. 2011, S. 693.
[10] Vgl. José 2016, S. 44–45.
[11] Vgl. Maltby et al. 2011, S. 698.

Das Konzept der emotionalen Intelligenz von Goleman wurde in der Forschung lange Zeit unterschätzt. Neueste Untersuchungen von Slaski und Cartwright hingegen zeigen, dass Personen, die über eine hohe emotionale Intelligenz verfügen, Erlebnisse besser verarbeiten und tendenziell ein höheres Wohlbefinden vorweisen als Personen mit einer eher niedrigeren emotionalen Intelligenz.[12] Zudem besteht ein Zusammenhang zwischen emotionaler und kognitiver Intelligenz. Menschen, die soziale Situationen gut einschätzen können, können auch ihre kognitive Intelligenz effektiver einsetzen. [13]

Nach Goleman gibt es geschlechterspezifisch zu unterscheidende Deskriptoren für emotionale Intelligenz. Diese Beschreibungsmerkmale stellen dar, ob ein Mann oder eine Frau über eine hohe emotionale Intelligenz verfügt. Beispielsweise tendieren emotional intelligente Männer zur Kontaktfreudigkeit und Fröhlichkeit, haben eine geringe Neigung zu Angst und sorgenvollen Gedanken, eine wertgeprägte Weltanschauung. Männer mit hoher emotionaler Intelligenz sind ausgeglichen und mit der Umwelt im Einklang. Emotional intelligente Frauen tendieren zu einer positiven Selbsteinschätzung, einem guten Umgang mit Stress, sind spontan, neigen nicht zu Nachdenklichkeit sowie Schuldgefühlen und sehen einen Sinn im Leben. [14]

Diese geschlechterspezifischen positiven Aspekte spiegeln auch positive gesundheitliche Aspekte wider.

Es gibt diverse Anzeichen dafür, dass Personen, die einen guten Zugang zu ihren Emotionen haben, diese verstehen und gut mit ihnen umgehen können, länger leben. Emotional intelligente Menschen, die einen gute Verbindung zu ihren Emotionen haben, leben gesünder als Menschen mit einer geringeren emotionalen Intelligenz.

Zahlreiche wissenschaftliche Belege stellen eine Verbindung zwischen negativer Affektivität und verstärkter körperlicher Beschwerden dar. Menschen, die eine eher geringer ausgeprägte negative Affektivität haben, leben im Durchschnitt gesünderer als Menschen mit höherer negativer Affektivität. Besonders schwerwiegend ist eine, mit

---

[12] Vgl. Slaski und Cartwright 2002.
[13] Vgl. José 2016, S. 45.
[14] Vgl. Maltby et al. 2011, S. 711.

geringerer emotionaler Intelligenz verbundene, negativen Affektivität in Verbindungen mit sozialen Hemmungen. Diese Kombination kann zu gesundheitlichen Risiken (mögliche Folgen können sich in Herz- Kreislauferkrankungen oder Magen- und Darmprobleme darstellen) aufgrund von chronisch wahrgenommenem Stress führen. Da die Wahrnehmung und der Umgang mit Stress bei Menschen mit geringer emotionaler Intelligenz tendenziell schwerwiegender und diesen schwerer fällt. [15]

Eine hohe emotionale Intelligenz hingegen sorgt für ein höheres Empfinden von Glück und eine größere Lebenszufriedenheit. Sie wirkt sich positiv auf die physische und psychische Gesundheit aus. Stresssituationen werden aufgrund einer größeren Selbstwirksamkeitserwartung als Herausforderung gesehen. Ein weiterer Punkt der zu einer guten Gesundheit beiträgt. Im Gegensatz dazu neigen Menschen mit einer geringeren emotionalen Intelligenz dazu, solche Situationen als belastend zu betrachten. Zu dieser Erkenntnis kam man bei einer Metaanalyse von 44 Studien an dem Schutte, Malouff, Thorsteinsson, Bhullar und Rooke (2007) beteiligt waren. [16]

Eine Studie von Danner et al. (2001), die autobiografische Aufzeichnungen von Nonnen analysierte und verglichen hat, zeigt, dass Nonnen deren autobiografische Aufzeichnungen einen positiveren Inhalt hatten, bis zu 10 Jahre länger lebten.[17]

Positive Emotionalität dient auch der grundsätzlichen Leistungsfähigkeit, sie fördert nicht nur die Kreativität, sondern auch der kognitiven Flexibilität. Zu diesem Ergebnis kam Isen (2000). [18]

Auch am Arbeitsplatz und im Bildungsbereich ist eine emotionale Intelligenz von großem Vorteil. Die besagt eine Studie von Downey, Mountstephen, Lloyd, Hansen und Stough (2008) Beobachtungen zeigen, dass sich emotional intelligente Menschen in Unterrichtsfächern wie Mathematik, Naturwissenschaften, Kunst und Geografie leichter tun.[19]

---

[15] Vgl. Salewski und Renner 2009, S. 146.
[16] Vgl. Maltby et al. 2011, S. 708–709.
[17] Vgl. Salewski und Renner 2009, S. 146–147.
[18] Vgl. Salewski und Renner 2009, S. 146.
[19] Vgl. Maltby et al. 2011, S. 709.

Neben den Auswirkungen auf die Gesundheit wurde auch untersucht, ob die emotionale Intelligenz auch Einfluss auf unseren Charakter nehmen kann. Im Jahr 2007 untersuchte Elizabeth Austin die Beziehung zwischen „Machiavellismus" und emotionaler Intelligenz. Machiavellismus ist ein Machtstreben das intrigant, raffiniert, skrupellos und ohne tiefgehende Moralvorstellungen ist. Ein Mensch, der so handelt, täuscht andere Personen mit dem Ziel einen persönlichen Vorteil für sich selbst zu erlangen. Es handelt sich hier um eine Manipulation von Emotionen anderer Personen. Man hätte vielleicht vermuten können, dass Menschen mit einer hohen emotionalen Intelligenz eher dazu neigen die Emotionen anderer zu manipulieren. Es konnte aber kein Zusammenhang zwischen einer hohen emotionalen Intelligenz und einer Neigung zum „Machiavellismus" festgestellt werden. Sprich im Endeffekt gibt es keine negativen Aspekte an der emotionalen Intelligenz.

Es ist also anzunehmen, dass eine hohe emotionale Intelligenz der Gesundheit sehr dienlich sein kann und es generell keine negativen Aspekte an einer hohen emotionalen Intelligenz gibt. An seiner emotionalen Intelligenz zu arbeiten, bringt also sehr viele Vorteile und keine Nachteile mit sich. Zur Verbesserung der emotionalen Intelligenz können Meditationen sowie Achtsamkeitsübungen beitragen. D iese helfen bei der Akzeptanz und Steuerung von Gefühlen. [20]

---

[20] Vgl. José 2016, S. 47.

C 2 Erläutern Sie das Modell der 16 Persönlichkeitseigenschaften von Raymond Cattell. Gehen Sie dabei auch auf die Besonderheiten ein, die Cattells Vorgehen ausmachte, um zu diesem Modell zu kommen. Im Rahmen eines Kompetenzfeedbacks sollen Persönlichkeitsfaktoren aus dem Modell genutzt werden. Erläutern Sie drei der 16 Eigenschaften näher, die Ihnen im Rahmen eines betrieblichen Feedbacks geeignet scheinen. Begründen Sie Ihre Auswahl anhand von Beispielen aus dem Arbeitsalltag. Diskutieren Sie abschließend Möglichkeiten und Grenzen der Nutzung von Persönlichkeitstests für die Personalauswahl. Woran können Sie sich orientieren, um aus der Vielzahl der Verfahren ein fundiertes Instrument auszuwählen?

Der Universitätsprofessor Raymond Cattell, ein ehemals lehrender Professor an der Harvard Universität, entwarf das Modell der 16 Persönlichkeitseigenschaften.[21] Sein Vorhaben war darauf ausgerichtet, die Persönlichkeiten der unterschiedlichsten Menschen in ihrer Gesamtheit präzise zu objektivieren und zu gliedern. Dabei stützte sich Cattell auf 18.000 Adjektive, die bereits in früherer Zeit von den Amerikanern Allport und Odbert zusammengetragen wurden. Diese Kollektion an Adjektiven bestimmt sämtliche menschliche Charaktereigenschaften.[22] Cattell fasste diese zusammen und unterteilte die Eigenschaften in Gruppen. [23]

Mittels eines datenreduzierenden Verfahrens, der sogenannten Faktorenanalyse, gelang es, die gesammelten Daten zu komprimieren und so redundante Adjektive auszusortieren. So konnten sich nach mehrmaligen Prozesswiederholungen die bedeutsamsten Adjektive herauskristallisieren. Neben dieser Art der Komprimierung konzentrierte sich seine Arbeit auf die Gewinnung verschiedenster Informationen über die menschliche Persönlichkeit. Für diese Informationsgewinnung erhob Cattell Daten, die er anschließend auswertete. Sie wurden als L-Daten (Lebenslaufdaten), Q-Daten (Daten aus Fragebögen und Selbstberichten) und T- Daten (aus kontrollierten Testsituationen) deklariert.[24]

Am Ende dieses Weiterentwicklungsprozesses kristallisierten sich schließlich 16 Eigenschaften heraus, die alle 18.000 Adjektive grob zusammenfassen. Diese Adjektive

---

[21] Vgl. Maltby et al. 2011, S. 301.
[22] Vgl. Allport und Odbert 1936, 22f.
[23] Vgl. Cattell 1957, S. 304.
[24] Vgl. Salewski und Renner 2009, 76f.

wurden nach der Stärke des Einflusses auf das Verhalten gereiht. Aus diesen Eigenschaften wurde der 16-PF-R-Fragebogen abgleitet. Dieser Fragebogen wird als wichtiges Instrument in der Persönlichkeitspsychologie verwendet. [25]

Wie bereits erwähnt sind die 16 Persönlichkeitseigenschaften von Raymond Cattell nach der Stärke des Einflusses auf das Verhalten geordnet. Die Nummer 1 hat somit den höchsten Anteil an Varianz, die Nummer 16 den schwächsten Anteil. [26]

1. Wärme (kontaktfreudig – reserviert)
2. Logisches Schlussfolgern (mehr oder weniger intelligent)
3. Emotionale Stabilität (emotional stabil – emotional instabil)
4. Dominanz (durchsetzungsfähig – demütig)
5. Lebhaftigkeit (unbekümmert – sachlich)
6. Regelbewusstsein (gewissenhaft – eigennützig)
7. Soziale Kompetenz (wagemutig – schüchtern)
8. Empfindsamkeit (gefühlvoll – robust)
9. Wachsamkeit (misstrauisch – vertrauensvoll)
10. Abgehobenheit (fantasievoll – pragmatisch)
11. Privatheit (überlegt – unbefangen)
12. Besorgtheit (besorgt – gelassen)
13. Offenheit für Veränderung (experimentierfreudig – konservativ)
14. Selbstgenügsamkeit (selbstgenügsam – gruppengebunden)
15. Perfektionismus (kontrolliert – spontan)
16. Anspannung (angespannt – entspannt) [27]

Aus diesen 16 Persönlichkeitseigenschaften leitete man Globalfaktoren, eine Gewichtung mehrerer Primärfaktoren, ab. Das sind zum einen die Normgebundenheit, die Belastbarkeit, die Unabhängigkeit, die Entschlussbereitschaft und die Kontaktbereitschaft. [28] Die Interpretation der Skalen erfolgt über die 5 Aspekte. Diese führen vom „Allgemeinen

---

[25] Vgl. Schneewind und Graf 1998, Seite fehlt.
[26] Vgl. Maltby et al. 2011, S. 305.
[27] Vgl. Maltby et al. 2011, S. 306–309.
[28] Vgl. Hossiep et al. 2000, S. 109.

Verhaltensstil", der „Emotionalen Reaktion", dem „Sozialen Verhalten", über dem „Arbeitsverhalten" zum Verhalten in „Problemsituationen". [29]

Wie bereits im Erste Teil der Einsendeaufgabe angemerkt, können sich Glück und Wohlbefinden spürbar positiv auf unsere Gesundheit auswirken. Maßnahmen, die das Glück und Wohlbefinden steigern, haben das Potenzial einen hohen Nutzen sowohl für das Unternehmen als auch die Mitarbeiter zu entfalten und stellen einen erheblichen Mehrwert dar. So sind nach einer Umfrage der AOK aus dem Jahr 2018 unglückliche Mitarbeiter mehr als doppelt so oft krank als glückliche Mitarbeiter. Glückliche Mitarbeiter haben im Schnitt 9,4 krankheitsbedingte Fehltage. Unglückliche Mitarbeiter hingegen im Schnitt 19,6 Fehltage. [30]Für einen Betrieb ist es also von essentieller Bedeutung, dass ihre Mitarbeiter entspannt ihren Tätigkeiten Folge leisten können. Besonders angespannte Mitarbeiter gelten als fehleranfälliger und neigen eher dazu unglücklich zu sein. Gerade wenn es sich um negative Anspannung handelt, die aufgrund verschiedenster Dinge wie Mobbing oder zu hohem Druck von Vorgesetzten ausgelöst werden können. Um das als Beispiel Mobbing anzuführen. Dies kann zu Leiden wie Schlafstörungen, Kopfschmerzen, Depressionen, Magen-/Darmerkrankungen oder zu Herz-/Kreislaufbeschwerden führen. Mitarbeiter, die unter starkem Mobbing leiden sind häufiger unglücklich, krank und können nur mehr eingeschränkt gute Arbeit leisten. [31] Um diesem Problem entgegenzuwirken, könnte man hier mittels eines betrieblichen Fragebogens über die Zufriedenheit der Mitarbeiter Informationen generieren und infolge dessen gezielte Maßnahmen setzen.

Ein weiterer wichtiger Faktor definiert sich über das Vertrauen. Dies entspricht einer unverzichtbaren Komponente in einem gut funktionierenden Betrieb. Eine gegenseitige Vertrauensbasis ist das grundlegende Fundament für ein gutes, gesundes Betriebsklima. Ein wichtiger Faktor, der sich neben vielen anderen Beispielen darstellt, wäre beispielsweise die pünktliche Überweisung des korrekt berechneten Lohns. Auf der anderen Seite muss der Unternehmer darauf vertrauen können, dass der Mitarbeiter seine Arbeit korrekt und gewissenhaft abarbeitet. Die Prüfungs- und Beratungsorganisation EYG brachte eine Umfrage hervor, bei der weltweit rund 10.000 Beschäftigte befragt wurden.

---

[29] Ebenda.
[30] Vgl, Helmut Schröder 2018.
[31] Vgl. Wirtschaftskammer Österreich 2019.

Nur 46% der Beschäftigten vertrauen laut dieser Studie ihren Arbeitgebern. Bei der Mehrheit der befragten Personen überwiegt also das Misstrauen. Eine Ursachenforschung, wie man das Vertrauen zurückgewinnen kann ist daher unabdingbar. Für rund 71% der befragten Jugendlichen ist es von essentieller Bedeutung, dass bei Ihnen beispielsweise Respekt gegenüber ihrer Person an erster Stelle steht.[32] Um die anderen Gründe herauszufinden, kann man in Betrieben durch anonyme Feedbackbögen ermitteln, ob die Mitarbeiter dem Arbeitgeber vertrauen und wenn nicht, wo die Fehlerquellen liegen und was man verbessern könnte. Vorhandene Probleme können so eruiert werden und das Unternehmen kann an dem Vertrauensrückgewinnungsprozess arbeiten. Arbeitnehmer, die weniger Vertrauen und Motivation aufweisen sind im Schnitt unproduktiver. Auch die Süddeutsche Zeitung berichtete bereits über dieses Phänomen. [33]

Der Dritte Faktor im Arbeitsleben umfasst die emotionale Stabilität. Wie bereits bei C1 angemerkt, neigen emotional unintelligente Menschen eher zu emotionaler Instabilität als Personen, die über eine höhere emotionale Intelligenz verfügen. Im Arbeitsleben ist es ausschlaggebend, dass der Vorgesetzte eine Vorbildfunktion einnimmt. Wutausbrüche, übermäßige Nervosität in Stresssituationen oder allgemein formuliert unkontrollierte Emotionsausbrüche sind nicht nur unprofessionell, sondern zeugen von massiver Schwäche. Einem Vorgesetzten, der selbst dauerhaft unter massiven Stress, Wut oder einer anderen negativen Emotionsausbrüchen leidet, dem fällt es auch schwerer auf einen anderen Mitarbeiter und dessen Emotionen und Bedürfnissen einzugehen. Emotional stabilen Vorgesetzen fällt dies hingegen leichter. [34] Emotionale Instabilität im Unternehmen kann zu einer hohen Mitarbeiterfluktuation, mehr Krankenstand (aufgrund unglücklicherer Mitarbeiter) und auch zu einem geringeren Zusammenhalt im Unternehmen führen. [35] Etwaige instabile Vorgesetzte könnte man problemlos durch anonyme Feedbackbögen ermitteln, um so Neupositionierungen vornehmen zu können.

Grundsätzlich ist es, neben Änderungen im Betrieb, auch entscheidend, von Anfang an die passenden Mitarbeiter einzustellen. Es gibt unzählige Möglichkeiten an

---

[32] Vgl. trend. 2016.
[33] Hoffmeyer 2010.
[34] Vgl. Stegmann und Schröder 2018, S. 24.
[35] Vgl. Guido Bonau.

Persönlichkeitstests, mit deren Hilfe eine gelungene Selektierung der Bewerber vorgenommen werden kann. Um das passende Verfahren für das Unternehmen zu finden, müssen zuerst einmal die Anforderungen der Bewerber und zukünftigen Mitarbeiter geklärt werden. Nicht jede Person ist passend für jeden Job. Im Unternehmen muss Klarheit darüber herrschen, was der Mitarbeiter mitbringen muss. Welche Bedürfnisse, Wertehaltungen, Potenziale, Qualifikationen, berufsbezogene Interessen und Motive sollte der zukünftige Mitarbeiter mitbringen?[36] Die Eignungsmerkmale lassen sich in 3 Gruppen gliedern. Das sind die Qualifikationsmerkmale, die Kompetenzen und die Potenziale.[37] Hat man hier ein klares Profil erstellt, was der zukünftige Mitarbeiter mitbringen muss, kommt der nächste Schritt.

Der besteht darin, dass sich das Unternehmen einen Überblick über alle Verfahren verschaffen muss. Der Arbeitgeber entscheidet hierbei individuell, welches Verfahren am besten dazu geeignet ist, die Eignung des Bewerbers zu prüfen und zu veranschaulichen. Weiters ist auch die Reihenfolge essentiell, sollte es zu mehreren Prüfungen kommen. Um es einfacher zu gestalten hat Kerstin diese in 5 Kategorien eingeteilt. Man nennt dies das „CUBE System". Die erste Methode ist die Dokumentenanalyse. Diese dient zur Analysation und Interpretation von Zeugnissen und/oder Lebensläufen. Die nächste Methode ergibt sich aus einer direkten mündlichen Befragung, beispielsweise durch ein Interview. Die dritte Methode dient der Verhaltensbeobachtung und -beurteilung. Dazu eignen sich Präsentationsübungen, Gruppendiskussionen, Arbeitsproben oder Rollenspiele. Bei der vierten Methode werden messtheoretisch fundierte Fragebögen wie Persönlichkeitsfragebögen oder Interessenfragebögen zur Gewinnung von Informationen über den Bewerber verwendet. Der letzte Punkt umfasst messtheoretisch fundierte Tests, die sich erfahrungsgemäß auf Intelligenz- oder Wissenstests beschränken.[38] Ein Assessment Center ist übrigens in keines der 5 Gruppen einzuordnen. Dies setzt sich aus mehreren Methoden zusammen.[39]

---

[36] Vgl. Diagnostik- und Testkuratorium 2018, S. 28–29.
[37] Vgl. Diagnostik- und Testkuratorium 2018, S. 100.
[38] Vgl. Diagnostik- und Testkuratorium 2018, S. 114.
[39] Vgl. Diagnostik- und Testkuratorium 2018, S. 115.

Diese Verfahren sind sehr vorteilhaft, denn sie dienen dazu, dass man rasch viele Informationen über den Bewerber generieren kann. Somit kann relativ zügig feststellt werden, ob die Anforderungen für eine Anstellung reichen. Hier ist aber Vorsicht geboten, denn potenzielle Bewerber könnten diese Ergebnisse auch verfälschen. Man ordnet diese in positive Verfälschungen, im Englischen „faking good", oder in negative Verfälschungen, im Englischen „faking bad" ein. Gerade bei mündlichen Befragungen gibt es tendenziell viele positive Verfälschungen. Auch bei messtheoretischen Fragebögen und Verfahren zur Verhaltensbeobachtung und -beurteilung gibt es große Tendenzen zu den positiven Verfälschungen. Hingegen gibt es bei den messtheoretisch fundierten Tests oder Dokumentenanalysen tendenziell weniger Möglichkeiten zu verfälschen. In der Regel sind positive Verfälschungen nicht unüblich. Sich gut präsentieren zu können und sich positiv verfälschen zu können, kann aber in manchen Berufsspaten auch durchaus von Vorteil sein. (z.B. Jobs im Absatzmarkt) [40]

Die Entscheidung bei welcher Person es schlussendlich zur Anstellung kommt, ist objektiv zu treffen. [41] Es sollte Chancengleichheit herrschen, ansonsten könnte infolge dessen auch der Ruf des Unternehmens darunter zu leiden beginnen.

Eine Methode der 5 Verfahrensarten umfasst das Interview. Bei dieser Methode spielen sehr viele nützliche Aspekte mit. Zum einen können sich Interviewer und Bewerber auf einer persönlichen Ebene besser kennen lernen. Zum anderen kann der Interviewer vor Ort etwaige Stärken und Schwächen am Verhalten des Bewerbers relativ rasch erkennen. Weitere nützliche Aspekte sind beispielsweise, dass die geforderten Anforderungen, genaue Tätigkeitsbeschreibungen oder etwaige organisatorische Fragen auch augenblicklich dargelegt werden können. Ideal eignen sich Interviews auch ergänzend zu Fragebögen. Hierbei können gegebene Antworten durch mündliches Nachfragen verstanden und eingeordnet werden.[42] Nahezu kein Arbeitgeber verzichtet auf diese Methode, denn es ist der beste Weg den Kandidaten persönlich kennen zu lernen. Ein Verzicht ist daher nicht empfehlenswert.

---

[40] Vgl. Diagnostik- und Testkuratorium 2018, S. 122.
[41] Vgl. Diagnostik- und Testkuratorium 2018, S. 125.
[42] Vgl. Diagnostik- und Testkuratorium 2018, S. 67.

Welche Methoden gewählt werden, liegen im Entscheidungsermessen der Unternehmen. Einige weitere Details gelten beim CUBE System als sehr beachtenswert. Fragebögen werden tendenziell zum Guten verfälscht. Bei der Auswahl dieser Methode, empfiehlt sich eine Verfahrenskombination mit dem Interview. Wie bereits angemerkt, bieten Intelligenztests eine höhere Sicherheit nicht positiv, sondern wenn dann nur negativ verfälscht zu werden. Vorsicht ist auch bei Verhaltensbeobachtungen geboten, denn potenzielle Bewerber könnten beispielsweise eine positiv verfälschte Motivation zeigen. Hingegen ist erkennbar, zu welchen Leistungen der Mitarbeiter fähig sein kann und wie lernfähig er ist. Wenn der Job sehr bedeutend ist, kann man auch noch auf das Assessment Center zurückgreifen und mehrere Verfahren miteinander kombinieren. Dies kann sich dann auch über mehrere Tage hinweg strecken.

C 3 (20 Punkte, ca. 3-4 Seiten) Grenzen Sie das Konzept der Kreativität vom Konzept der Intelligenz ab. Wie kann Kreativität gemessen werden? Was sind kreativitätsfördernde und was kreativitätsbehindernde situative Einflüsse? Erläutern Sie anhand von Beispielen aus dem beruflichen Alltag.

Wie bereits angemerkt, steht bei der Intelligenz der Verstand mit seinem Denkvermögen im Vordergrund.[43] Im Zentrum der Intelligenz steht der Mensch, mit seinen unterschiedlichen Wahrnehmungen und Herangehensweisen an Probleme.[44] Primär liegt der Fokus der Kreativität auf den Leistungen und nicht auf die Menschen selbst. Im wissenschaftlichen Vordergrund steht hier also das Erzeugnis. Der Erzeuger selbst, also der Mensch, steht an zweiter Stelle. Eine kreative Leistung sollte angemessen und neuartig sein, damit sie als solche eingeordnet werden kann. Angemessenheit ist deshalb wichtig, weil nicht alle neu erfundenen Dinge einer Problemlösung oder Sinnhaftigkeit dienlich sind.[45] Um zu überlegen was angemessen ist, muss man zuerst diskutieren was sinnvoll ist. Hier könnte es allerdings zu großen Meinungsverschiedenheiten kommen, weil die Sinnhaftigkeit sehr individuell dargelegt werden kann.

Studien belegten, dass sehr intelligente Menschen eine höhere Wahrscheinlichkeit zu einer sehr kreativen Leistung haben. Dazu fallen aber nur Personen, die einen Intelligenzquotienten zwischen 120 und 130 haben.[46] Generell gesehen, hat die Intelligenz aber einen eher geringen Effekt auf die Kreativität. Humor, ein komplexes Temperament und eine generelle Neugierde werden als noch wichtiger erachtet. Menschen mit diesen Persönlichkeitseigenschaften, haben eine starke Tendenz zur Kreativität.[47]

Paul Guilford, Begründer der Kreativitätsforschung, kam in den Vierzigerjahren auf die Idee, die Kreativität zu messen. Er sah in der Kreativität eine von der Intelligenz verschiedene Fähigkeit. Als Voraussetzung sieht er divergentes Denken an. Hierbei gibt es einen Ausgangspunkt, von dem sich viele Möglichkeiten ableiten lassen.

---

[43] Vgl. José 2016, S. 38–39.
[44] Vgl. Bosley und Kasten 2016, S. 4.
[45] Vgl. Lehmann 2018, S. 6.
[46] Vgl. Testor, S. 67.
[47] Vgl. Haager und Baudson 2019, S. 8.

Intelligentes Denken wiederum setzt konvergentes Denken voraus, bei diesem existiert nur ein richtiges Ergebnis. Dabei können vorhandenen Informationen genutzt und logische Schlüsse daraus gezogen werden.[48]

Für die Fähigkeit eines divergenten Denkens sind 4 Komponente erforderlich, die auch für die Messung der Kreativität von essentieller Bedeutung sind. Dieses 4 Komponente setzten sich aus „Sensitivität gegenüber Problemen", „die Flüssigkeit des Denkens", „die Originalität des Denkens" und „die Flexibilität des Denkens" zusammen. Die Flüssigkeit des Denkens setzt sich aus der Anzahl unterscheidbarer Ideen zusammen. Man kann dies einfach testen. Ziel des Tests ist es beispielsweise, innerhalb eines beschränkten Zeitraums, maximal viele Verwendungsmöglichkeiten eines Gegenstandes aufzählen zu können. Das Ziel bei der Sensitivität gegenüber Problemen ist es, einen Sachverhalt erklären zu können und nach Alternativerklärungen zu suchen. Die Flexibilität des Denkens kann mittels eines Tests geprüft werden. Bei der Originalität geht es primär um die Seltenheit einzelner Ideen. [49] [50]

Es gibt mehrere kreativitätsbehindernde Einflüsse, die man in 2 Gruppen einteilen kann. Zum einen sind dies Blockaden und zum anderen „Kreativitätskiller". Adams kategorisierte 1984 solche Kreativitätsblockaden. Das sind beispielsweise Blockaden in der Wahrnehmung, also Probleme die gewohnten Perspektiven zu verlassen. Zum anderen können dies gefühlsmäßige Blockaden sein. Hier geht es um die Furcht, dass andere beispielsweise eine schlechte Meinung über die Idee haben könnten. Primär geht es also um Abhängigkeiten von anderen Denkinhalten. Auch gibt es noch kulturell bedingte Blockaden, bei denen Themen wie Religion oder Sexualität eine Rolle spielen können. Als letzten Faktor werden noch umweltbedingte Blockaden genannt. Hier kommt es zu einer Behinderung der Kreativität aufgrund äußerlicher Rahmenbedingungen wie z.B. schlechte Luft oder Lärm. [51]

---

[48] Vgl. Lehmann 2018, S. 10.
[49] Vgl. Neyer und Asendorpf 2018, S. 158.
[50] Vgl. Haager und Baudson 2019, S. 57.
[51] Vgl. Ellebracht et al. 2018, S. 134.

Auch sogenannte „Kreativitätskiller" können zu massiven Einschränkungen der Kreativität führen. Ein Faktor umfasst eine zu starke Beaufsichtigung, die bereits im frühen Kindesalter dazu führen kann, dass die Kreativität und Risikobereitschaft des Kindes verkümmert. Ein weiterer Faktor sind äußere Bewertungen und Meinungen. Für Kreativität sind die Unabhängigkeit anderer Meinungen und Selbstglück unabdingbar. Weitere „Kreativitätsminderer" sind übermäßige Belohnungen, Wettbewerbe oder auch Gängelungen, also Vorschriften etwas tun zu müssen, ohne davon abweichen zu können. Auch lassen sich noch Faktoren wie Druck, Mangel an Zeit oder Einengungen der Entscheidungsspielräume dazuzählen. [52]

Kreativität lässt sich sehr rasch und problemlos stärken. Ein wichtiger Bestandteil der Kreativitätssteigerung umfasst beispielsweise das Eingehen von Risiken, die Mut oder Zuversicht voraussetzen. Der nächste Faktor umfasst eine gewisse Offen- und Lockerheit. Wichtig ist es den Fokus zu zerstreuen (sich auf mehrere Sachen zu fokussieren), zu experimentieren und die Tage nicht voll durchzuplanen. Ein starres System, bei dem es hauptsächlich um Konformität und Fehlervermeidung geht, unterbindet hingegen die Kreativität. Essentiell sind auch die äußeren Bedingungen, damit man sein volles Potenzial nutzen kann. Der nächste Aspekt umfasst eine intensive Auseinandersetzung mit den derzeitigen Aktivitäten. („Learning by doing") Dies führt dazu, dass der Weg das Ziel wird und auf dem Weg neue Ziele definiert werden können. Unabdingbar sind auch große Visionen, eine Mischung aus Unbekümmertheit, aber auch einer Harmonie aus Verstand und Intuition. Die Intuition ist dafür verantwortlich, dass die Richtung vorgegeben wird aber schlussendlich entscheidet der Verstand. Zahlreiche MacArthur (ein „Amerikanischer Geniepreis") Preisträger empfehlen, seiner Intuition zu vertrauen und den Verstand nicht zu früh einzusetzen. [53]

Als Basis für kreative Leistungen werden Handwerk und Fachwissen vorausgesetzt. Besonders im Berufsalltag kann ein ständiges „Nein" von Vorgesetzten einen sofortigen Abbruch der kreativen Impulse verursachen. Ein Mitarbeiter kann nur dann seine

---

[52] Vgl. Ellebracht et al. 2018, S. 135.
[53] Vgl. Ellebracht et al. 2018, S. 126–131.

Kreativität voll entfalten, wenn ihm sein berufliches Umfeld gewisse Freiheiten gewährt und er die Chance auf die Umsetzung seiner Ideen bekommt. [54]

Speziell im Berufsleben, ist es daher von unabdingbarer Bedeutung die Handlungsspielräume der Mitarbeiter nicht zu sehr einzuschränken. Eine kreativitätsfördernde Herangehensweise von Seiten des Arbeitgebers wäre es, wenn ein klarer Auftrag erteilt wird, der sich allerdings nur auf das gewünschte Ergebnis und die Beschreibung der Anforderung bezieht und man den Rest dem Mitarbeiter überlässt. Auch von einer Belustigung oder einer übermäßigen Kritik gegenüber einer Idee eines Mitarbeiters wird dringend abgeraten. Nur wenn absolut sichergestellt wird, dass man seine Ideen frei einfließen lassen kann und dabei auf keine Ablehnung stößt, kann man seinen Reichtum an Kreativität voll zur Geltung bringen. Es sind oft „absurde" Ideen, die in einer Teambesprechung oft zu etwas Größerem führen können. Auch Misserfolge und Fehler sind wichtige für kreative Prozesse, den nur so kann eine Weiterentwicklung funktionieren. Es wird dringend davon abgeraten, sofortige Konsequenzen zu ziehen, wenn ein Mitarbeiter Fehler machen. Dies führt dazu, dass die Mitarbeiter ihre Kreativität in Zukunft eher unterdrücken werden, aus Angst vor zukünftigen Konsequenzen. Der richtige Weg besteht darin, die Mitarbeiter weiterhin zu motivieren und ihnen zu raten aus Fehlern zu lernen. Um Erfolg zu haben, braucht es oft unzählige Versuche. Nicht nur eine Einzelperson, sondern auch ein Team ist zu großen kreativen Leistungen fähig. Grundlage dafür ist, dass sich jedes Teammitglied angenommen fühlt. Der Vorteil bietet sich darin, dass es im Team nicht nur zu einer rascheren Ideenfindung kommen kann, sondern auch die Umsetzung relativ schnell verwirklicht werden kann. Hier hat es eine einzelne Person oft schwerer, denn oft scheitern exzellente Ideen an der Verwirklichung. Für das Team ist aber eine Führungskraft vonnöten, die das Team professionell führen kann und die angehenden Termine fixiert. Für die Aufgabenerfüllung sind das Team oder einzelne Mitarbeiter zuständig. Die Führungskraft greift lediglich bei feststehenden Terminen ein. Diese Maßnahmen können für ein Unternehmen von entscheidender Bedeutung sein. [55]

---

[54] Vgl. Ellebracht et al. 2018, S. 132.
[55] Vgl. Ellebracht et al. 2018, S. 139–142.

Literaturverzeichnis

Allport, Gordon W.; Odbert, Henry S. (1936): Trait-names: A psycho-lexical study. In: *Psychological monographs* 47 (1), i.

Becker, Beate (2014): Grundlagen der Differentiellen und Persönlichkeitspsychologie. Studienbrief der SRH Riedlingen. 1. Aufl. Riedlingen: SHR Fernhochschule.

Bosley, Irina; Kasten, Erich (2016): Intelligenz testen und fördern. Ein Elternratgeber mit Übungsaufgaben für Kinder und Jugendliche ab 6 Jahren. Berlin, Heidelberg: Springer. Online verfügbar unter http://dx.doi.org/10.1007/978-3-662-48954-3.

Cattell, Raymond B. (1957): Personality and motivation structure and measurement. New York, Harcourt: Brace § World.

Diagnostik- und Testkuratorium (2018): Personalauswahl kompetent gestalten. Grundlagen und Praxis der Eignungsdiagnostik nach DIN 33430. Berlin, Heidelberg: Springer. Online verfügbar unter http://dx.doi.org/10.1007/978-3-662-53772-5.

Ebenda.

Ellebracht, Heiner; Lenz, Gerhard; Geiseler, Lars; Osterhold, Gisela (2018): Systemische Organisations- und Unternehmensberatung. Praxishandbuch für Berater und Führungskräfte. 5., aktualisierte und erweiterte Auflage. Wiesbaden: Springer Gabler. Online verfügbar unter http://dx.doi.org/10.1007/978-3-658-21476-0.

Guido Bonau: Das Erfolgsprinzip als Chef: Emotionale Intelligenz. Defizite in der emotionalen Intelligenz: Verhindern Sie Kosten und Konsequenzen. Hg. v. VNR Verlag für die Deutsche Wirtschaft AG. Online verfügbar unter https://www.wirtschaftswissen.de/personal-arbeitsrecht/mitarbeiterfuehrung/motivationstechniken/das-erfolgsprinzip-als-chef-emotionale-intelligenz/.

Haager, Julia Sophie; Baudson, Tanja Gabriele (Hg.) (2019): Kreativität in der Schule - finden, fördern, leben. 1st ed. 2019. Wiesbaden: Springer (Springer eBooks Psychology). Online verfügbar unter http://swbplus.bsz-bw.de/bsz1671012879cov.htm.

Helmut Schröder (2018): Sinnerleben im Beruf hat hohen Einfluss auf die Gesundheit. Fehlzeiten-Report 2018. Hg. v. Wissenschaftlichen Instituts der AOK. Online verfügbar unter https://aok-bv.de/presse/pressemitteilungen/2018/index_20972.html.

Hoffmeyer (2010): Misstrauen zerstört Motivation. Hg. v. Süddeutsche Zeitung. München. Online verfügbar unter https://www.sueddeutsche.de/karriere/interview-mitarbeiterkontrolle-misstrauen-zerstoert-motivation-1.531963.

Hossiep, Rüdiger; Paschen, Michael; Mühlhaus, Oliver (2000): Persönlichkeitstests im Personalmanagement: Grundlagen, Instrumente und Anwendungen. Göttingen: Verlag für Angewandte Psychologie.

José, Marco (2016): Positive Psychologie und Achtsamkeit im Schulalltag. Förderung der Empathie. Wiesbaden: Springer. Online verfügbar unter http://www.springer.com/.

Lehmann, Konrad (2018): Das schöpferische Gehirn. Auf der Suche nach der Kreativität - eine Fahndung in sieben Tagen. Berlin: Springer.

Maltby, John; Day, Liz; Macaskill, Ann (2011): Differentielle Psychologie, Persönlichkeit und Intelligenz. Unter Mitarbeit von Denis Köhler. 2., aktualisierte Auflage [der englischen Ausgabe]. München: Pearson Studium (Always learning).

Neyer, Franz J.; Asendorpf, Jens (2018): Psychologie der Persönlichkeit. Mit 136 Abbildungen und 114 Tabellen. 6., vollständig überarbeitete Auflage. Berlin: Springer (Springer-Lehrbuch). Online verfügbar unter http://www.springer.com/.

Salewski, C.; Renner, B. (2009): Differentielle Psychologie und Persönlichkeitspsychologie. München: Ernst Reinhardt Verlag.

Schneewind, Klaus A.; Graf, Johanna (1998): Der 16-Persönlichkeits-Faktoren-Test. 3. Aufl. Bern: Huber.

Slaski, Mark; Cartwright, Susan (2002): Health, performance and emotional intelligence: An exploratory study of retail managers. In: *Stress and Health: Journal of the International Society for the Investigation of Stress* 18 (2), S. 63–68.

Stegmann, Ralf; Schröder, Ute B. (2018): Anders Gesund - Psychische Krisen in der Arbeitswelt. Prävention, Return-to-Work und Eingliederungsmanagement. Wiesbaden: Springer. Online verfügbar unter http://dx.doi.org/10.1007/978-3-658-17882-6.

Testor, Karl: Kognitionstheoretische Grundlagen der Kreativität. Dissertation. Online verfügbar unter http://dx.doi.org/10.1007/978-3-658-22072-3.

trend. (2016): Vorgesetzte: Von richtiger Führung keine Ahnung. Hg. v. trend. Online verfügbar unter https://www.trend.at/branchen/karrieren/vorgesetzte-von-fuehrung-ahnung-7289481.

Wirtschaftskammer Österreich (2019): Mobbing am Arbeitsplatz. Begriff - Mobbing-Handlungen – Fürsorgepflicht des Arbeitgebers – Schadenersatz. Wien. Online verfügbar unter https://www.wko.at/service/arbeitsrecht-sozialrecht/Mobbing_am_Arbeitsplatz.html.

BEI GRIN MACHT SICH IHR WISSEN BEZAHLT

- Wir veröffentlichen Ihre Hausarbeit, Bachelor- und Masterarbeit

- Ihr eigenes eBook und Buch - weltweit in allen wichtigen Shops

- Verdienen Sie an jedem Verkauf

Jetzt bei www.GRIN.com hochladen und kostenlos publizieren